ÍNDECE

1 – INTRODUÇÃO

Esse é terceiro livro do autor, que depois de escrever dois livros, um deles relatou aspectos ligados a assistência humanitária no mundo, e depois de estudos profundos, descobriu o segredo do sucesso na vida.

O livro, é uma forma de comunicar, dar voz aos pensamentos de alguém, o contributo de alguém que deseja que os outros, possam saber assuntos valiosos, relevantes, ajudando os homens a resolver várias questões que enfrentam no cotidiano.

O autor fez durante mais de 4 anos, estudos profundos de varias individualidades internacionais, como eles adquiriram sucesso na vida, como fazem na vida para atingirem grandes realizações, e através desse livro.

Aproveita em expor essas ideias valiosas que têm surtido grande impacto na vida do autor, e de milhares no mundo, uma vez que tudo na vida requer desejo de aprender, a vontade de expor no mundo externo o aprendizado.

Tudo que está no mundo interior, deve ser expandido no mundo externo para ajudar outros. Todos os serviços devem beneficiar, deve impactar para o bem-estar dos outros. Temos o exemplo, de varias companhias tais como Microsoft, IBM, GOOGLE, YOUTUBE, TOYOTA, COCA-COLA, AMAZON, IKEA, são várias companhias, vejo que seu objectivo é prestar serviços, para que as pessoas possam beneficiar-se dos mesmos. Por isso, esse livro é uma exposição detalhada, do pensamento de vários homens de sucesso no planeta, e servirá de maior valia para a sua vida de sucesso, que acho que todos desejam.

O autor foi funcionário da maior Agencia das Nações Unidas, designada por Programa Alimentar Mundial (PAM), na fase de Emergência em Angola, País que viveu cerca de três décadas de guerra civil, que ficou na história, e que enfrenta outros desafios.

Na vida, temos que ter a decisão de não contemplarmos nos tempos difíceis, porque sempre teremos momentos difíceis e para os que desejam ter sucesso na vida tem que começar, tem que se mover, não importa palavras, mas grande esforço para implementar as ideias na prática, sair do abstracto para o concreto, inovando para servir melhor as sociedades.

Pelo autor: **Lino Avelino Benza**

2. AS FORÇAS NO DOMÍNIO DE NEGÓCIO

No mundo actual, para entrarmos na corrida da competitividade, é necessário que tenhamos a consciência de que estamos entrando num caminho, que exige grande vontade, e conhecimento de que existirão momentos bons e momentos difíceis.

E para ter o sucesso desejado, temos que aprender com grandes homens de sucesso que enfrentaram as dificuldades, e que através das experiencias, atingiram suas realizações concretas e apalpáveis.

No começo da jornada, existirá algumas pessoas que desmotivarão a sua iniciativa, com palavras negativas, mas se pretender ser alguém, no campo de negócio, tem que ter força interior para que a visão possa tornar-se em realidade.

Temos que ter força interna, todos os homens de sucesso, é porque houve força interna de negócio no visionário, para que houvesse desenvolvimento, expansão da ideia, da visão, beneficiando milhares de vidas, pelo serviço prestado.

Temos exemplo da Apple, surgiu no mercado competitivo, e atingiu o respeito internacional, pela força do domínio do negócio, e é necessário saber que para concretizar o projecto, necessitará de pessoas certas ao seu lado, para efectivar o que se pretende.

Pessoas erradas ao seu lado, frustrará os projectos, por isso da necessidade de saber seleccionar quem fará consigo essa jornada para o sucesso, uma vez que todos desejam uma vida melhor. A vida melhor não é um orgulho, mas todos desejam ter uma vida melhor, para desfrutar com sua família, com seus amigos e com a sociedade, por isso tenha força interior para seus negócios.

Vivemos actualmente numa era mais competitivo, que exige grande esforço, a era das novas tecnologias de informação, o mundo virou uma aldeia, em que as informações atingem milhares de quilómetros, num clicar de dedo, em segundos, pela acção da internet. Em minutos, existem surgimentos de novas invenções no planeta, os homens estão inovando.

Vivemos em tempos difíceis, e temos que empregar as forças mentais, e físicas para que o negócio possa atingir os seus objectivos. Tudo para desenvolver, tem a ver com a nossa mentalidade, a pobreza é uma mentalidade, temos que destruir a mentalidade da falta, e lutar para atingir resultados positivos e ajudar milhares de pessoas a serem prósperos e felizes.

A pobreza é associada a ignorância, a ignorância não é sinónimo de riqueza, mas a ignorância é sinónimo de pobreza, um povo é destruído por falta de conhecimento, por isso para ter sucesso no negocio, tem que matar a ignorância, aprender com homens bem-sucedidos, e verás a sua mentalidade abrindo-se, para atingir o seu maior potencial.

Todos nós no planeta terra, viemos para fazer algo, todos nascemos com potencial, e é preciso desenvolve-lo dia após dia para atingir os resultados que pretendemos, e deixar legado. Os talentos, as habilidades, o conhecimento, vieram no homem para que esse homem possa dar a luz, cabe a si, fazer com que toda essa mais-valia possa aparecer no mundo físico, para beneficiar milhares de pessoas.

Para progredirmos na vida, temos que alargar a forma de pensarmos, quanto menos pensarmos em termos que expandir os negócios, menos teremos os resultados, quanto maior for o pensamento da expansão, maior será o resultado, por isso lhe convido caro leitor a pensar Big (Grande), se pretender ter grande sucesso na vida, e ser você mesmo, não seja o que o outro deseja que sejas, você és único e especial, wauuu.

Estava lendo um livro em que um agricultor na Corea do Sul, fazia a criação de galinhas, e quando viu na região, que as vendas de ovos foram baixando, a notícia na região, era que todos os agricultores, estavam a ir em falência.

Aquele agricultor teve uma mentalidade de sucesso, descobriu o caminho da inovação, e mesmo no seu campo, fazia suas pesquisas na internet, para saber em que região do Pais, e Países vizinhos, vendia-se os ovos num preço maior.

Foi assim que ele, foi vendendo para outras localidades, guardando a chave do seu negócio, e foi prosperando, porque descobriu a chave do conhecimento, destruiu a ignorância, foi atrás do conhecimento, e assim o seu negócio, não teve momentos de instabilidade. É preciso, inovar, é preciso conhecimento para que os negócios atinjam objectivos maiores.

Aquele agricultor, sai da sua zona de conforto da mesmice, aprendeu a informática, foi atras dos conhecimentos, e soube aproveitar a nova era da informação globalizada, e o seu negócio não te quedas, conseguiu fazer as suas vendas e atingir o que tanto necessitava. Ele não usou apenas a força, mas sim a mente.

É necessário não se conformar com a situação que se vive, temos que nos mover para a inovação. Vejo para os animais que vivem em locais de muito frio, possuem a capacidade de enfrentarem esses momentos de muito frio, possuem preparo no seu corpo para enfrentar as tempestades.

Em pleno inverno na Holanda, vejo os patos de água, passeando no gelo. A sua capacidade de enfrentar o tempo difícil, é porque possuem protecção interna e externa.

O homem tem potencial dentro dele, que muitos não têm usado esse potencial, chegando assim a ser vítima das circunstâncias.

Tal como existe várias estações no ano, Inverno, outono, Verão e primavera, na nossa vida passaremos vários momentos, mas temos que saber que os momentos, as estações na vida, não surgem para nos destruir, mas sim para nos manter mais sólidos, mais fortes e saber o que é a vida em si.

Já dizia um grande autor, e convidado no programa CNN, Td Jakes, as dificuldades, as rejeições não significam destruição, mas sim direcção, para novo nível de vida. São as rejeições da vida, os ventos contrários que nos dão asas para outros lugares vantajosos e de sucesso.

Quando passamos por momentos difíceis, é porque estamos nos dirigindo para outros níveis maiores da vida, aprendendo com as tempestades.

O avião depois dos ventos contrários, depois da tempestade ao subir o voo em grande altitude, mantem-se estável no ar, mas tem que passar em momentos de instabilidades, muitas vezes desconfortável para muitos.

Se você fizer boas decisões, bons projectos no inverno, você conseguirá fazer no verão. Nos momentos difíceis se conseguiu, vai conseguir em outros momentos, saia da sua zona de conforto, e faça maior expansão dos seus negócios, descobre outros locais em que possa expandir sua ideia, sua visão, seja inovador nessa grande competitividade.

Um grande líder Paul Yong Cho dizia o seguinte: Depois de ele ter analisado, viajado em alguns países prósperos da Europa e América do Norte, tentou pedir apoio para os seus projectos na Coreia do Sul.

E em resposta, alguns líderes da Europa, perguntaram-lhe qual era a maior estação predominante na Coreia do Sul. E disseram, se faz muito frio, tem que ser um Pais próspero.

E explicaram-lhe que geralmente esses países, trabalham duramente, diligentemente para prepararem provisões necessárias, trabalham duramente no inverno, e no verão, muitos deles tiram as férias com as suas famílias, para aproveitarem o que trabalharam em terras quentes.

Nota-se que nesses Países nórdicos, os homens utilizam os seus recursos mentais para resolver os seus problemas, e muitos desses Países não possuem recursos naturais, mas sim o KI, esta acelerado, mente aberta, mentalidade rica, não uma mente virada em petições, mas em estratégias para viver melhor.

Temos que saber planificar, não apenas ficar na mente os projectos, mas temos que planificar os projectos e trabalhar para que possa tornar realidade. Quando esta na nossa mente, ninguém poderá beneficiar dos seus resultados, por isso é necessário dar a luz, colocar na prática o que esta no mundo interno.

Temos que aproveitar o nosso tempo para transformar nossa vida, transformar a nossa mente com assuntos positivos, transformando sua mente, transformará os seus negócios.

Invista tempo em conhecer assuntos relevantes com homens de sucesso. Mente transformada, vida transformada, seu negócio transformará. Se sua mente não mudar, sua vida não mudará, nosso corpo vai onde nossa mente vai, logo nossa vida é comandada pela nossa mente, mente transformada, vida transformada.

País com mentes transformadas, torna-se País transformado, o lar com pessoas de mente sadia, surge a estabilidade no lar, na família, tudo tem a ver com a nossa mente, líder com mente brilhante, existirá organização com maior desempenho, eficácia, valorização dos recursos humanos, desenvolvimento do pessoal, e da própria instituição ou organização.

Tudo parte e finda na liderança, tudo parte e finda na mente, mentalidade que os ingleses dizem: Mindset. Já na antiga Roma, os povos foram solicitados para mudar as suas mentes, transformando, porque mente tem um grande poder para progredir ou retroceder uma pessoa, uma nação.

3- CRIAR MELHOR CARREIRA NA VIDA

A cerca de três décadas, Tony Robbins, tem inspirado milhares de pessoas no planeta, treinados milhares em vários Países, fui fazendo estudos, e descobri, que o sucesso não é sorte, não é algo que dissemos que eu tive sorte, dormi e no dia seguinte me tornei um homem de sucesso, estava dormindo na sombra da bananeira e no dia seguinte me tornei milionário. Tem que ser intencional, tudo que vem bem intencional terá maior solidez, pela natureza da aquisição e do preço do sacrifício.

O sucesso é um processo que tem que ser trabalhado todos os dias, nas habilidades, talentos, fazermos o que desejamos, com determinação, amor, perseverança. O sucesso é algo intencional. Dizia Les Brown: Um grande motivador internacional, que nasceu numa família pobre, e quando crescia, disse na sua mãe, mama, um dia quando for grande, vou lhe oferecer uma casa grande.

Era o seu sonho dar uma casa grande na sua mãe, que tanto sofreu. Trabalhava como cozinheira, e a comida que restava, ela levava para os seus filhos, sim amor de mãe, e Les, via o sofrimento daquela mãe, e sonhou que um dia daria uma boa vida na sua mãe. Quantos filhos têm essa fome, esse profundo desejo.

Recordo-me, também nasci numa família pobre, e tudo que fazia, era para ver meus pais alegres, dos meus rendimentos mensais, depois de ter estado a trabalhar, dava para ajudar no sustento de casa, todos nós temos um desejo de fazer bem aos nossos próximos e até os de longe.

Sucesso é intencional, sucesso tem que se ter a fome de algo, de fazer algo na vida, fome de destruir a injustiça, fome de luta contra a fome, fome de ter boa vida. Sucesso, requerer criar planos estratégicos. Aqui segue a foto do Mr. Tony Robbins, ajudando milhares a descobrir o seu potencial, tem sido meu mentor.

Traduzindo as palavras em ingles:

Sucesso é fazendo o que desejas, quando desejas, onde desejas, com quem desejas, quanto mais você deseja.

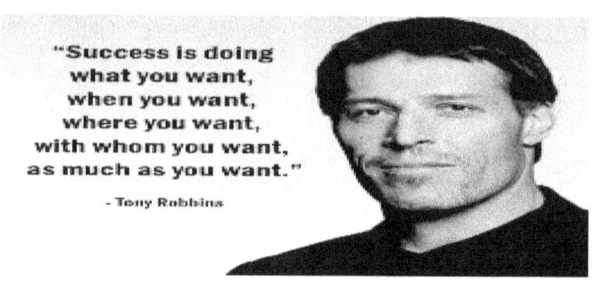

"Success is doing what you want, when you want, where you want, with whom you want, as much as you want."

- Tony Robbins

O Sucesso requer parcerias, aqui esta o Tony e Oprah. Deseja ser alguém de sucesso, esteja ligado com as pessoas de sucesso, e pessoas certas, faça parcerias boas, ninguém prospera sozinho, temos que nos unir em parcerias.

THIS WON'T CHANGE YOUR LIFE

É tempo de criar melhor carreira na vida, tudo que plantamos, colheremos, por isso é tempo de plantar sementes de grandezas, se eles realizaram os seus sonhos, nós podemos também realizar.

No mundo não existe os privilegiados, todos somos iguais, e todos podemos ser bem-sucedidos, se formos intencionais, direccionando a nossa vida para atingir grandes realizações.

Não aceite as opiniões negativas sobre você, seja você mesmo fazer o seu filme da vida, criando seu melhor, deixando legado para sua família, sua nação.

Muitos homens protestam fazendo greves, e com o aumento da crise económica financeira, são várias famílias sem emprego, a esperança vai desaparecendo em varias pessoas, mas mesmo assim, escrevo lhe caro leitor para dizer que você é capaz.

Levante, e faça o seu filme de vida, você é capaz, sim você é capaz, tens que dizer a ti mesmo que apesar das circunstâncias actuais, mas você é capaz de contornar a situação, wauu.

Já viu a água a jorrar pelo chau, mesmo se houver barreiras, vai contornar para outro lugar, continuando a sua trajectória.

Não desista, vai em frente e dias melhores virão se não se prostrares apenas a reclamar da situação, a sua situação não mudará se continuares a reclamar, esperar algo de alguém, seja você mesmo o autor do filme da sua vida a partir de hoje, e saberás o grande resultado.

Eu creio que esse nosso livro ajudará você a melhorar a sua perspectiva de vida, e a ser estratégico, quanto ao modo de actuar na vida.

Descobri na vida que a reclamação, os protestos, causam algum impacto para a resolução global de alguns assuntos sociais, mas também descobri, que existe melhor virtude em ter que olhar para as tempestades, e não desistir em fazer o seu próprio projecto, para ajudar milhares, o retorno é maior.

Nunca faça projectos egocêntricos, faça projecto de impacto global, da sua comunidade, da sua província, e verás a grande realização.

Tony Robbins, tem treinado mais de 450 grandes companhias nos Estados Unidos da América, e movimenta grandes projectos em outros Países.

Frequentemente é convidado para grandes palestras internacionais, aconselhamentos de líderes de Países, para atingir o sucesso global.

Treinamento para as forças armadas USA, e marinha, parlamento Britânico, já esteve pessoalmente com Nelson Mandela, princesa Diana, Mikhail Gorbatchov, Madre Tereza, foi conselheiro do Presidente Bill Clinton.

Como autor desse livro, vejo a trajectória de Tony Robbins, fantástico, tinha uma ideia vaga, mas depois de vários aprofundamentos da sua carreira, descobri que nada é por acaso, mas o sucesso é tudo bem-intencionado. Ele tem cerca de 11 companhias em que é proprietário e CEO, pelos serviços de treinamento que tem efectuado em vários Países, sem diferenciação de origem, credo religioso.

Sucesso sem compromisso é um insucesso. Tem que visionar o que se precisa, ter desejo profundo no que deseja fazer, cumprir o planificado e verás o sucesso acontecendo na vida.

É preciso pessoas fortes para cumprir com a sua carreira no planeta terra, se não existir força interna, quando surgir as tempestades, os momentos de inverno, facilmente desistirá, mas para ser uma pessoa de sucesso, não deve desistir dos seus sonhos.

Para gozar a sua maior satisfação do seu sucesso, é necessário que os seus rendimentos monetários, possa uma parte ser distribuído aos mais carenciados, são vários os projectos que a sociedade precisa, e existe maior alegria em dar do que receber.

Para começar, temos que saber onde estamos, e onde pretendemos ir na vida. O que pretendes fazer a médio e longo prazo, com maior amor.

Falamos com maior amor, porque se fizeres as coisas sem ter amor no que estas fazendo, não sentirá a realização, a maior alegria dos seus sonhos, por isso temos que fazer o que gostamos, e sentiremos maior alegria na vida.

Nunca devemos seguir o que os outros gostam, mas sim o que nós gostamos, para que o sucesso possa ser continuo, e quando as tempestades no percurso surgirem, poderemos ter a coragem de não desistir, e sempre avançar no nosso destino.

Temos que saber algumas noções básicas o que significa talento, um gestor, um líder, os seus princípios básicos, um empresário, para que não possamos cometer grandes erros, de não atingir o objectivo.

Com o avanço das novas tecnologias, existem formas diversas de adquirirmos os conhecimentos necessários, com grandes homens que já passaram por varias fases da vida de liderança, comercio, e ajudará a prosseguir com o seu sonho.

Correndo para o mundo da América do Sul- Brasil, tinha apreciado um programa de um apresentador chamado Gugu, eu reconhecia que o que ele fazia, com certeza, ele fazia porque amava o que ele fazia. Encontrava no seu rosto a alegria, quando apresentava uma casa construída, para os seus telespectadores, ou para os seus ouvintes que endereçavam cartas para o seu programa.

Vejo que os beneficiários, demonstravam a grande satisfação, por conseguirem uma casa, um negócio para começar, que nunca imaginaram que teriam, e as suas vidas mudam por completo.

Faça o que ama, porque se não, será uma grande insatisfação na vida, nunca sentirá o grande prazer.

Agora que descobri o gosto pela literatura, vou escrevendo sempre, ajudando as pessoas numa determinada matéria da vida, e sempre aprendendo.

Temos que aproveitar o tempo, porque já alguém dizia o tempo é dinheiro, e digo que é um recurso gastável, e todos nós temos o mesmo valor do tempo disponível diariamente, e temos que saber aproveitar, remindo o tempo porque o tempo nunca nos espera.

Muitos pensam que o negócio é apenas dinheiro, dinheiro, mas o negócio primeiro é espiritual, o negócio sai do invisível para colocar-se no visível, na prática.

Bom homem de negócio tem estratégias na sua mente, para tornar visível. **Negócio é a aplicação do invisível para o visível.**

4- PARA SEMPRE AMAR

Amor é o desejo profundo de ver alguém feliz, o almejo profundo em fazer o bem para o outro. Onde existe amor, existe o melhor para a outra pessoa.

- **Amor,** é o nível ou grau de responsabilidade, utilidade e prazer com que lidamos com as coisas e pessoas que conhecemos.

- A palavra **amor** (do latim *amor*) presta-se a múltiplos significados na língua portuguesa. Pode significar afeição, compaixão, misericórdia, ou ainda, inclinação, atracção, apetite, querer bem, satisfação, conquista, desejo, libido, etc.

O conceito mais popular de amor envolve, de modo geral, a formação de um vínculo emocional com alguém, ou com algum objectivo que seja capaz de receber este comportamento amoroso e enviar os estímulos sensoriais e psicológicos necessários para a sua manutenção e motivação. É tido por muitos como a maior de todas as conquistas do ser.

- Fala-se do amor das mais diversas formas: amor físico, amor platónico, amor materno, amor à vida. É o tipo de amor que tem relação com o carácter da própria pessoa e a motiva a amar (no sentido de querer bem e agir em prol).

- As muitas dificuldades que essa diversidade de termos oferece, em conjunto à suposta unidade de significado, ocorrem não só nos idiomas modernos, mas também no grego e no latim.

- O grego possui várias palavras para amor, cada qual denotando um sentido diferente e específico.

- No latim encontramos amor, dilecto, charitas.

Amar também tem o sentido de gostar muito, sendo assim possível amar qualquer ser vivo.

Para se ter sucesso na vida, é preciso saber amar as pessoas, porque o sucesso está ligado com as pessoas. Existe um ditado que diz: Ame as pessoas e usa as coisas. Se não sabermos distinguir entre amar e usar, estaremos confundindo as coisas.

As pessoas devem ser amadas, apreciadas, para que o resultado seja positivo, muitos são os que preferem amar as coisas para atingir o seu objectivo, e como não amam as pessoas, acabam por frustrar-se no cumprimento do seu objectivo.

Tenha um sonho, uma visão e caminharás rumo a sua missão de sucesso.

Nessa missão devemos saber tratar bem as pessoas que estão envolvidas no processo. Um grande motivador em liderança internacional, disse que é indispensável que os líderes saibam identificar o ouro entre a área.

Todos homens de sucesso devem estar atentos em ter que amar as pessoas, e descobrir nelas o grande potencial interno.

Deve-se trabalhar, fazer crescer o talento, os dons internos nos líderes em potencial, que estarão viajando na jornada da vida de sucesso **(Dr. John Maxwel)**

Quando um líder, ou alguém que esta em frente de uma organização, teme o crescimento das pessoas que estão a sua volta, não terá lideres para um dia lhe substituir quando a missão for maior, terá apenas seguidores.

Porém o crescimento, o desenvolvimento da organização não será eficaz com o passar do tempo, e muitos acabam de fechar a missão, porque não treinou o pessoal, não desenvolveu as pessoas.

Um bom líder deve treinar os liderados, para melhor servirem, e sentirem a satisfação do serviço realizado, e promover internamente outros líderes, capazes de expandir o serviço.

Já tivemos oportunidade de conhecer líderes que não estimulam o pessoal para avançar, ainda que exista ideias, para mudanças, não existia vontade para absorver as ideias, fazendo luta psicológica para que as coisas não pudessem andar, temendo que o colectivo de pessoas da organização se apercebesse dos conhecimentos do líder em potencial.

Se o líder estiver ladeado com grandes líderes em potencial, a organização crescerá.

Com os nossos erros aprendemos dia após dia, e esforçamo-nos para que possamos estimular todos os que estiverem a trabalhar connosco, para que possam demonstrar trabalho e serem criativos. Sem criatividade, não existirá crescimento e desenvolvimento.

Lembro-me das grandes companhias, as grandes multinacionais, estão de olho aberto para os grandes líderes.

As grandes companhias, no seu perfil dos funcionários, exigem homens que possam preencher o quadro de pessoal, homens com um nível superior de qualificação, homens que possam ser grandes inovadores, capaz de fazer grandes mudanças para o bem da Organização.

Amar é fundamental quando se pretende evoluir.

É necessário que o funcionário, ou o líder possa ter um nível de estabilidade conjugal bom, uma família alicerçada no amor, para que possa ajudar na conquista do êxito da instituição.

Uma boa auto estima conjugal, um bom ambiente familiar, ajuda a manter o líder, o homem de sucesso e sucessos constantes haverá.

Uma família destruída, desestruturada, contribuirá na diminuição da criatividade do líder ou da pessoa de sucesso.

Os que não tem família, por vezes vejam a sua satisfação, sua alegria, em acções humanitárias, nos apadrinhamentos de crianças desfavorecidas, e dão sentido de vida, educação, saúde, alimentação, tudo isso resume-se em ter amor no coração.

O homem foi criado um ser social, e para viver em colectivo, ser amado e amar.

Deseja ser bem-sucedido aprenda a amar, aprenda a dar de si para os outros, e assim sentirá a grande alegria, o cumprimento da sua missão de sucesso.

O que tenho contemplado é que pessoa de sucesso tem sempre uma sua fundação, para apoiar os mais vulneráveis, e quando vejo varias fundações, sinto que realmente não existe maior alegria a não ser em dar amor, fazer uma contribuição para o ser humano.

Tem havido com essas tempestades da crise económica financeira no mundo, muitos que tem deixado essa palavra amor, com o aumento do desemprego, tem crescido a falta de amor.

Mas é preciso saber que o bem-estar material, não deve estar por cima, dos nossos desejos espirituais, invisíveis, porque o invisível, cria o visível, por isso, mantenha seu amor em frente para que o sucesso possa ser uma realidade na sua vida.

O aconselhamento nas famílias, entendo que as famílias precisam de ajuda frequente, quando se tem o dom de aconselhamento pela experiencia adquirida, é bom compartilhar, e dar esperança nas pessoas que elas podem ultrapassar os obstáculos da vida.

Muitos vão no caminho do suicídio que é negativo, não é a solução, a solução é enfrentar a vida, e saber que nascemos para vencer, e somos mais que vencedores, tenha um espirito de águia, que seu dia melhor já chegou para triunfar.

Sonha grande, tenha uma mentalidade de sonhador, sonhar não é proibido, por isso vai sonhando, vai sonhando, e verás os seus sonhos a se concretizarem.

Existe seis necessidades humanas, que devemos saber e colocar em prática para que haja maior amor, e sucesso no que fizemos na vida:

6 NECESSIDADES HUMANAS:

- ➢ Certeza
- ➢ Incerteza & Variedade
- ➢ Significado
- ➢ Conexão & Amor
- ➢ Crescimento
- ➢ Contribuição

Certeza- Nós os humanos precisamos ter a certeza, de que estamos seguros no que estamos a fazer, certeza dos projectos que fizemos que esta certo, designa segurança no que se esta a ser feito.

Incerteza e variedade- Todos passamos por variedades, os desafios na nossa vida, nem tudo que planificamos, vem a ser concretizado, e as vezes nos tornamos inseguros perante certas situações.

Significado- Toda pessoa deseja ser honrado, ser visto alguém importante, auto-estima interna, sentir significante, amado, respeitado.

Conexão e amor- Todo ser humano, necessitam de conexão com os outros seres humanos, amor, compartilhar um ao outro, fomos criados para conectar com as outras pessoas com harmonia.

Crescimento- Todo o ser humano precisa de desenvolver, temos que crescer, fisicamente, espiritualmente, emocionalmente. Quando paramos de crescer, morremos.

A morte não só no que tange o aspecto físico, mais emocional, espiritual, causando danos no mundo físico.

Nota que muitas pessoas que cometem erros graves na vida, e até outros param nas prisões, é porque pararam de crescer emocionalmente, espiritualmente, e o resultado foi cometer actos indecentes perante a sociedade, a margem da lei, e o fim foi a prisão, e outros causando morte física.

Contribuição- Temos que fazer nossa contribuição para os outros na sociedade, a contribuição para ajudar os outros que necessitam do nosso auxílio, a nossa mão de ajuda para sentirem felizes.

Penso que seria uma mais-valia, nos vários programas, se existisse programas variados, para preparar o homem para enfrentar a vida cotidiana.

É importante notar que nas escolas, ensina-se as bases dos conhecimentos científicos que é importante, mas como encarar a vida, como enfrentar as tempestades, são poucas matérias, ou se não bastasse em nível insignificante.

No programa do Tony Robbins, eu contemplo varias pessoas, muitas delas com grandes frustrações na vida emocional, distúrbios relacionais, e muitos deles com formações seculares em vários domínios do conhecimento.

A diferença é que muitas pessoas adquiriram os conhecimentos científicos, mas não aprenderam os passos de como viver num relacionamento, e ter sucesso na vida, dai notamos lares destruídos, quando surge uma tempestade, um inverno no relacionamento, as vezes começa o negócio, e não termina porque não tem uma mentalidade de enfrentar as vicissitudes.

Deseja ter sucesso na vida, temos que aprender outras matérias de relacionamentos, e termos uma mente aberta para aprender sempre.

As variadíssimas situações que encaramos no dia-a-dia, tem muito a ver com a falta de conhecimento, por isso a falta de conhecimento, causa instabilidades, a falta de conhecimento causa muitos estragos, por isso caro leitor prima, opta em ter que aprender todos os dias, garimpa o conhecimento para dissipar a ignorância.

O melhor presente que deves oferecer para o seu filho, alguém, deve ser um bom livro, porque estarás dissipando a ignorância, estarás dando as ferramentas para o sucesso na vida.

O amor não é egocêntrico, quem ama ajuda, quem ama vela pelas necessidades da outra pessoa. Quanto maior for o amor entregue na outra pessoa, maior será a reciprocidade em recebe-lo.

Não espere ir num relacionamento para receber amor, tens que ser o primeiro a dar, se pretenderes ser feliz, dá amor, mesmo se não estás a ser correspondido, mas haverá momento, em que colherás amor (lei da semeadura).

5- DESENVOLVIMENTO PESSOAL

Para determinar o seu sucesso, não devemos ver no que aconteceu no passado, mas o que estamos fazendo agora, é que determina o seu futuro. Seu sucesso esta nas suas mãos agora.

O seu futuro é o somatório do seu passado, mais o seu presente, igual ao seu futuro.

Por isso muito cuidado, pare de reclamar, e mãos no trabalho, fazer projectos para impactar vidas, e não percamos o tempo.

Tenha hábito de ler bons livros, tenha bons hábitos, de acordar cedo, hábito de aplicar valores na família, aproveite o seu tempo fazendo algo proveitoso, para definir a mudança do seu futuro.

Temos que fazer coisas novas, mover para que possamos mudar a nossa maneira de ser, perante as circunstancia, nós não podemos mudar as circunstâncias, mas mudar a nossa forma de agir, nossos hábitos diários, pode ser pouco, mais contribuirá para o nosso futuro.

Você nesse momento, és o produto, das decisões que fizestes no passado, e agora é preciso tomar outro rumo de vida para caminhar num futuro diferente.

Se você mudar, tudo vai mudar para si. Temos que desenvolver sempre, um desenvolvimento pessoal, para mudar as circunstâncias.

Temos que mudar de dentro para fora, para termos muito, temos que ser muito, temos que ter muito valor interno.

Nunca espere receber uma quantidade que não tenhas desenvolvido, quanto maior for o investimento, maior será o retorno (**Dr. Jim Rohn, in memoriam**)

Muitos pensam quando se trata de desenvolvimento pessoal, é porque a pessoa deve preocupar-se com a quantidade de dinheiro, tem que saber que o dinheiro, não é o ponto de partida.

O importante é saber o que trarás de valor para o campo de mercado. O serviço que valioso prestará é que as pessoas, os consumidores comprarão, assim terás o resultado do seu trabalho.

Para isso acontecer precisamos do desenvolvimento pessoal, e leva tempo para trazer valores para o campo do mercado, e existir recompensas. Nós não somos pagos pelo tempo, existe muitos que chegam no local de serviço, e se não produzirem o necessário, a produção diminuirá, então nós somos pagos pelos valores, pela produção feita.

Deixo aqui, uma nota para algumas empresas que não tem em conta o controlo dos valores feitos pelos trabalhadores, o trabalhador, vai ao trabalho, mas fica as vezes entretido, em jogos no computador, e como o supervisor apenas controla o tempo que ele passa no local do trabalho, não avalia os resultados, logo o mais importante não é o tempo que passamos no local de trabalho mas sim o valor do serviço que realizamos, para ser recompensado.

Será que é possível ser duas vezes valioso no mesmo tempo? A resposta é sim. Será possível ser valiosos três, quatro, cinco vezes no mesmo tempo? A resposta é sim. O tempo é único, mas podemos aproveitar num intervalo de tempo fazer muitas coisas valiosas, para o nosso sucesso global.

Nós somos pagos no mercado de trabalho, de acordo com o valor da produção. A valorização tem a ver o que o homem é capaz de fazer. Existe valor do trabalho exercido, e o valor da própria pessoa.

Alguém pelo seu valor pode ser pago em uma hora 5 dólares, e o outro em uma hora ser pago 500 dólar, e outros em uma hora pode ganhar 80 mil dólares. Porque dessa diferença? É por causa do valor da pessoa.

As grandes companhias como Coca-Cola, ao recrutar um executivo regional, não pagarão o mesmo com um funcionário de balcão, isso por causa da valorização pessoal.

Um desenvolveu as suas competências pessoais e profissionais, e o outro não. dai da necessidade do desenvolvimento pessoal constante para sermos bem-sucedido.

Se você ajudar uma companhia a fazer num mês um bilhão de dólares, será possível eles te pagarem 8 milhões de dólares, sim é possível, pela valorização do serviço prestado, e da valorização pessoal.

Esse sistema é empregue em Market place ou no mercado local de trabalho, nos sports e outros ramos do trabalho.

Apenas falamos da valorização económica, contável, mas podemos ter outros tipos de valores, tais como: Ser valioso para sua comunidade, sua família, seus amigos, com serviços voluntários, sociais, e tudo isso significa a valorização.

Para que isso aconteça, é preciso trabalhar duramente em ti mesmo, fazer o seu trabalho com dedicação, diligentemente, e verás a valorização da sua pessoa, dos seus serviços no mundo real.

Quando desenvolvermos todos os anos nossas competências, línguas, talentos, habilidades, descobertas de diversos campos do saber, então tornaremos atractivos no mercado de trabalho, existirá maior valorização do serviço, pela qualidade do desenvolvimento pessoal que existe, recebendo maior recompensa pela valorização.

Pouco desenvolvimento pessoal, pouca recompensa, maior desenvolvimento pessoal, maior recompensa, a proporcionalidade é directa.

Quando somos recrutados para trabalhar numa empresa em que somos chamados a desempenhar uma responsabilidade, temos que ter em conta dois pontos abaixo:

1. Experiencia pessoal

2. OPE ou Experiencia de outras pessoas (Inglês OPE, Other Personal Experience)

Ponto- 1. Temos que aprender com as nossas próprias experiências pessoas, o que nos aconteceu a cinco anos atrás, de bom, de mal, temos que aprender como foi, o seu relacionamento laboral, familiar, pessoal.

Sempre devemos aprender algo do nosso passado, se continuares fazendo as mesmas negativas coisas, não desenvolverás, estarás estagnado no mesmo nível.

Faça uma revisão da sua vida, e saber se é necessário mudanças, para melhorias.

Devemos analisar o que foi feito no passado e o que podemos mudar, aprender com as nossas experiências pessoais.

Ponto- 2. Temos que aprender com as experiências dos outros. No que tange as experiências dos outros, existem positivos e negativos.

As positivas têm que anotar, a estarmos atentos quais os caminhos que foram seguidos para atingir o positivo, aprender com os homens de sucesso.

Temos que aprender também com aqueles que tiveram os insucessos na vida, e quando estiver numa palestra, leva o seu Notebook, anota o que fez com que existisse os insucessos, para não cometeres os mesmos erros.

O processo de ensino e aprendizagem é contínua, devemos sempre desenvolver na vida cognitiva.

Quando aprendemos com outras pessoas aprendemos por:

- Por observação- Temos que olhar o que eles fizeram para ter sucesso na vida, observamos nos sports, no comércio, ser um bom observador.

- O que nós ouvimos- Temos que aprender ouvindo, termos cds, e ouvindo sempre mensagens positivas, de homens de sucesso, ouvir podemos aprender para o nosso sucesso, ouvir dos sucessos e insucessos em vários campos da vida.

- Ler livros- Temos que ser bons leitores, ler livros importantes da vida, todos os livros positivos, farão de você um grande sucesso. Ler livros de sucesso, e outros livros variados, não limite o seu processo de aprendizagem.

Tudo que gostares, deves anotar, nunca confie a sua mente, porque podes esquecer, anota e será uma boa recordação, uma boa biblioteca, para que possa ser valioso para si. Existe muitos livros que podem ajudar-te a ter sucesso.

Com o aumento das novas tecnologias, as coisas tornaram mais facilitadas para a sua aprendizagem, em minutos tens as informações necessárias, e não existe razão de permaneceres no mesmo nível anterior.

Se você sempre ir desenvolvendo, você verás que sua vida não será a mesma, porque o progresso que fizeres, será maior e sua vida não será a mesma. Wauuuu que bom mudar de vida e beneficiar milhares de pessoas.

6- PODER DA AMBIÇÃO

Toda pessoa tem ambição, existe ambição positiva e a negativa. A negativa, é destrutiva, correndo o risco de fazer coisas negativas para atingir um determinado objectivo, lutar na vida, destruindo os outros porque deseja ser alguém no trabalho, no negócio, na igreja, outras instituições.

São varias pessoas que foram destruídas, porque os seus sócios, pela ambição negativa, planejaram destruir a vida do outro, e esse tipo de ambição, eu chamo de doentia, e não devemos pactuar com essas práticas, mas sim ter a ambição positiva, se esforçar para atingir os objectivos, numa via correcta, legal, empregando todos os esforços mentais, físico, intelectual, para o bem dos outros.

Se pretender ter ambição positiva, temos que saber servir os outros, aprender a fazer bem aos outros. Se pretender grande ambição, deve também servir bastante as pessoas, quanto maior servir, maior será o retorno. Se é sua ambição ser grande, deves saber o caminho de servir os outros.

Para os que desejam ter grande sucesso na vida, tem que ser ambiciosos, pensar numa ambição maior, não ter medo de correr riscos em ambicionar grandes planos, ter uma visão de
Águia, o negócio da Águia não é aqui por baixo, na altitude de outros pássaros pequenos, mas sim em grande altitude, pense grande, aprenda com homens de sucesso global, seja um grande ambicioso e com esse livro, quando aplicares na prática tudo mudará, pense Big, corra riscos, não tenha medo.

A verdadeira ambição, tem que ter disciplina, um desejo de Águia, para tudo mudar na sua vida é necessário que haja disciplina, cortar certas coisas da sua vida anterior que não possibilita o seu sucesso.

Se gostava passar tempo, horas e horas vendo TV, tem que ter mais tempo lendo bons livros, ouvir bons programas, ambicionar sempre aprender boas informações, e assim sua ambição atingirá o seu real objectivo.

Não basta apenas termos a ambição, se assim fosse a maior parte dos homens no planeta terra, teria os seus objectivos concretizados, muitos tem a ambição, mas não realizam, porque não estão preparados para esse processo.

É necessário esforço, muito trabalho, estratégias. Podemos ter a ambição de ter uma grande casa, bons carros, férias com a família, mas só parar em ambicionar, não é tudo.

Precisamos ter o sonho, o sonho dá-nos maior energia, em romper os obstáculos e caminharmos em direcção ao sucesso. É necessário sonhar, os homens de sucesso, depois de ter feito minhas análises, já muito cedo, foram planificando, foram tendo ambições que um dia serei alguém, um dia farei algo para impactar vidas.

Como autor, a minha maior ambição, é fazer feliz, milhares de pessoas, especialmente crianças desfavorecidas, mulheres abandonadas, viúvas, criação de hospitais, centros sociais, e sinto que essa ambição, está concretizando, porque tudo parte do nosso interior, com pequenas acções, que até parece insignificantes, mas depois de um período de tempo, veremos os seus grandes efeitos.

Todo ambicioso, vê o futuro, o plano futuro terminado, tem que visualizar tudo terminado na sua mente, não ver nos obstáculos, mas sim concluir que tudo é possível, não existe impossíveis no ambicioso, yes.

Penso que foi grande a ambição em pensar voar, apesar dos grandes obstáculos, só valeu a ambição e actualmente milhares de pessoas beneficiam dos serviços aeronáuticos.

* A **história da aviação**. O desejo de voar está presente na humanidade provavelmente desde o dia em que o homem passou a observar o voo dos pássaros e de outros animais voadores. Ao longo da história há vários registros de tentativas mal sucedidas de voos.

Alguns até tentaram voar imitando pássaros: usar um par de asas (que não passavam de um esqueleto de madeira e penas, imitando as asas dos pássaros), colocando-os nos braços e balançando-os.

Muitas pessoas acreditavam que voar fosse impossível, e que era um poder além da capacidade humana.

Mesmo assim o desejo existia, e várias civilizações contavam histórias de pessoas dotadas de poderes divinos que podiam voar; ou pessoas que foram carregadas ao ar por animais voadores. A história moderna da aviação é complexa.

Desenhistas de aeronaves esforçaram-se para melhorar continuamente suas capacidades e características tais como alcance, velocidade, capacidade de carga, facilidade de manobra, dirigibilidade, segurança, autonomia e custos operacionais, entre outros.

Aeronaves passaram a ser feitas de materiais cada vez menos densos e mais resistentes. Anteriormente feitas de madeira, actualmente a grande maioria das aeronaves usa materiais compostos - como alumínio e fibras de carbono.

Recentemente com os computadores têm contribuído muito no desenvolvimento de novas aeronaves e componentes.

Valeu a ambição, dai que concluímos que o homem tem grande potencialidade interna, que é capaz realizar grandes projectos, o que é importante é não desistir de lutar, enquanto outros descansam, se pretenderes ter grande sucesso na vida, seja um grande ambicioso, ainda que as pessoas não realizaram algo que pretendes, vai a luta e verás que não existe impossíveis na vida.

Os grandes países desenvolvidos, foram construídos com vários sonhadores, homens que não se conformaram com a situação em que viviam, ambicionaram grandes projectos.

Se ouvirmos pessoas de sucesso, vamos ver que eles trabalharam vários anos diligentemente. A diligência, é a mãe do sucesso, a mãe da inovação. Se trabalhar diligentemente na vida, a recompensa virá.

Na trajectória da vida, temos que apreciar as pequenas realizações, não apenas as grandes, reconhecer que dia após dia, estamos caminhando para o caminho das nossas realizações, fazer decisões importantes para melhor servir as pessoas.

Existem Países em que há maior oportunidade, e a tendência humana, é emigrar para os Países em que existe maior abertura, porque o homem por natureza, tem a ambição de adquirir melhores condições de vida para sua família, amigos, e comunidade.

Por isso, não pare de ambicionar seu futuro será melhor, mude de mentalidade, você é capaz, se os outros conseguiram atingir grandes realizações, você também podes, e és um candidato ao sucesso,

A nossa vida é tipo um plástico, é moldado, podemos mudar as circunstâncias em que vivemos actualmente, mudando nossa mentalidade, nossa vida mudará, e é um processo diário, todos os dias temos que trabalhar duramente, naquilo que almejamos.

Lembro-me quando trabalhei nas Nações Unidas, naquela altura, isso em 1993-2002, em Angola, na Província da Lunda Sul, Kwanza Norte e Kuando Kubango, os computadores não eram acessível a todos, e os sistemas não tinham ainda a internet.

O meu supervisor directo na altura, mesmo sabendo que eu não entendia informática, exigiu-me que tinha que aprender a trabalhar com o computador.

Eu sugeri-lhe o recrutamento de uma secretária, mas ele não aceitou.

Como eu precisava desse bom emprego, lembro-me que os trabalhos normais terminavam as 17 horas, e eu ficava no escritório, para desvendar como trabalhar com o computador.

A ambição, não havendo outra saída, depois de muito trabalho de pesquizas, começou a abrir a minha mente, e depois de cerca de seis meses, dominava o computador, dando informações aos nossos escritórios centrais, os respectivos relatórios detalhados, do movimento das operações logísticas a nível provincial.

Foi um bom exercício que levou-me posteriormente a gostar da informática, e nunca mais deixei, e tenho visto a grande valia, nesse percurso literário, em ter que reproduzir, vários livros com temas variados. Temos que ambicionar e alcançaremos o pretendido.

7- TENHA BOM PLANO PARA O SUCESSO

Para o sucesso na vida, temos que ter um bom plano, visualizar que sua vida precisa mudar, encontrar boas pessoas, no tempo certo e no lugar certo, para te instruírem os caminhos a seguir para encarar o futuro com optimismo.

Não significa ser humanista, mas tudo na vida temos que aprender com alguém, alguém que passa-nos as suas experiências, podemos utilizar as várias vias de comunicação para adquirirmos as informações, mas temos que aprender com alguém, que já passou por várias experiencias da vida.

Para que haja o seu sucesso nos próximos cinco anos, você precisa mudar agora, sua mentalidade, sua determinação, seu rigor em aplicar na prática, o que tem aprendido de positivo, caso contrario a sua vida manterá a mesma dos anos passados.

Não devemos confiar de que o sistema do País irá mudar, a situação económica mudará, tens que pensar em mudar a sua própria vida interna, a sua mentalidade, sua filosofia, seus hábitos para o progresso, e verás que tudo mudará.

Tudo muda a medida em que a nossa mente muda. Não devemos viver a nossa vida, de acordo os ventos do País, os ventos sempre continuarão, mas o importante é implementar estratégias para nós mesmos mudarmos.

METAS:

Na vida para termos sucesso, temos que colocar metas para alcançar a curto, médio e longo prazo. Para colocar metas, temos que esquecer o passado, e saber aprender com o passado, não permitir que o passado seja um monte que possa destruir a sua atenção, seu esforço para o futuro, deixa que o passado seja uma verdadeira escola, aprenda com o passado, e prossiga para frente.

Temos que ter em nossa mente bem visível o futuro, o futuro é chamado a promessa, o lugar da promessa, onde pretendemos chegar, o que deseja ser no futuro, tem muito a ver no presente, sua projecção actual, temos que visualizar o futuro, ter uma imagem real na sua mente, antes de tudo acontecer no mundo real.

Quando contemplamos um grande edifício, uma grande companhia multinacional, ou nacional, é porque um dia, esta realidade esteve presente na mente de um sonhador, na mente de alguém que não aceitou as circunstâncias e venceu as barreiras, os ventos contrários da vida, não se prostrou em recuar, mas sim enfrentou os grandes desafios da vida.

Para colocarmos metas, temos em primeiro decidir o que pretendemos fazer na vida, e para o nosso futuro.

Temos que colocar no papel as metas, o que pretendemos na vida, o lugar em que pretende visitar, os projectos, amigos, famílias, as comunidades, tudo temos que colocar no papel, e com o passar do tempo, temos que fazer uma revisão, porque nós crescemos em maturidade com o passar do tempo, se estivermos a desenvolver pessoalmente.

Para toda promessa, existe um preço a pagar. Quanto maior for a clareza, a especificação da meta, dos objectivos, menor será o preço. Tudo na vida tem um preço a pagar, se pretendermos alcançar algo.

O desenvolvimento, o alcançar as metas na vida, não tem a diferenciação da cor, religião, o local de nascimento, todos têm o mesmo direito em desenvolver e ter a vida melhor, se uns podem fazer, você também pode ser um bem-sucedido, e ajudar os outros a realizarem os seus sonhos.

O que é importante na vida, não é o dinheiro, mas como você tornou para adquirir o dinheiro. O dinheiro pode desaparecer num instante se for gerido sem fundamentos, mas a forma como você adquiriu o dinheiro, o preparo, o desenvolvimento pessoal, é que manterá a continuidade do dinheiro.

O valor pessoal, tem maior importância do que o dinheiro, porque é o homem quem gere o dinheiro, por isso usa o dinheiro, e desenvolve pessoas a sua volta para ajudar-lhe a manter o sucesso, beneficiando vidas a descobrirem o seu propósito de vida, pelo qual nasceram.

Gostaria nesse livro compartilhar consigo que a falta de dinheiro, dificulta fazermos movimentações, prejudica muitos planos, e nas próximas edições, contarei o que a escassez faz para alguém, por isso, sou a favor da abundancia para ajudar aqueles que tanto precisam.

Não gostaria ser egocêntrico, tudo só para mim, e minha família, a visão é ajudar milhares de pessoas no planeta terra, coloca uma meta que não sirva apenas para si, mas vá além, e verás a recompensa.

Não espere começar com muito, comece com pouco. Temos ajudado um grupo de crianças na Guine- Bissau, e penso que esse projecto continuará em frente, porque quanto maior for a meta, maior será a realização.

Não é o que você adquire, é que torna-lhe valioso, mas sim aquilo que você é de valor pessoal, de caracter, tais como: Valor interno, desenvolvimento pessoal, talentos, habilidade, conhecimentos, tudo isso tem maior valor do que aquilo que adquirimos fisicamente.

São os valores invisíveis que tornam uma pessoa bem-sucedida, uma nação bem-sucedida, por isso da necessidade de apostar nas mentes dos homens.

As metas na sua vida, vão inspirar você, vão permitir que sejas forte, olhando para frente com grande energia, que o futuro será brilhante. Sem metas, o homem não vai em nenhum lugar, e será vítima da circunstância, levado pelo vento constante imutável da vida.

As circunstâncias só vêm para te preparares para o outro nível de vida, os ingleses dizem: The next level, e temos que saber que os problemas, quando bem aproveitados, nos transportam para outros níveis de sucesso.

Há momentos da vida que temos que agradecer pelos problemas que já tivemos, porque quando olhamos para trás, foram esses problemas que nos fizeram pensar em dar volta a situação, e subirmos para o próximo nível de progresso.

Sempre existirão os ventos contrários, os ventos sempre existem na natureza, logo na nossa vida, sendo uma jornada passageira, enfrentaremos os ventos, mas temos que saber contornar.

Devemos empregar os valores mencionados acima, e estaremos por cima de tudo, e não por baixo, reclamando sempre da vida, você é importante para o futuro da sua vida, nação, levante, siga em frente corajosamente.

INDEPENDENCIA FINANCEIRA:

Quando não temos dinheiro no banco, não temos formas como pagar as nossas contas, complica bastante como realizar os nossos projectos, e sempre dependemos de alguém para nos dar o que precisamos para resolver qualquer problema, e para tal é necessário que tenhamos a nossa independência financeira.

A independência financeira é a capacidade de viver de acordo o que ganhas, para satisfazer as suas necessidades.

Para isso acontecer, é necessário ter-se a filosofia correcta de ganhar dinheiro. Existe a filosofia dos pobres, e dos ricos.

Dos pobres- Os pobres geralmente gastam seu dinheiro, e investem o que restou.

Dos ricos- Os ricos investem seu dinheiro, e gastam o que restou. **Essa é a diferença da gestão financeira do pobre e do rico.**

Nada tem a ver com as quantidades, temos que ter a filosofia de investir primeiro em pequena acção, em pequeno negócio, criar algo com poucos recursos, e depois gastar o que restou.

O investimento pode ser do seu tempo, em fazer projectos que possam servir de impacto futuro.

O trabalho feito, mesmo que não seja remunerável, o trabalho de fazer um bom livro, o trabalho de pesquisar vários assuntos, o trabalho de garimpar conhecimentos, é um investimento que terá retorno no campo físico futuro.

O autor convida-lhe a ter um plano positivo, para alcançar o seu objectivo, repetimos o sucesso na vida é algo intencional.

O tempo esta passando, faça um plano de acção para sua vida, é preciso ser humilde em desejar aprender, nós nascemos sem saber nada, aprendemos com o passar do tempo, com nossa família, vizinhos, professores, com a sociedade.

A aprendizagem envolve os aspectos positivos e negativos, para que possamos, nos livrar dos erros, e ganhar com a vitória dos outros.

Nunca se esqueça com os seus income ou rendimentos, fazer uma contribuição de solidariedade social, porque existe muitos que precisam da sua ajuda, a generosidade é fundamental se pretenderes ser alguém de sucesso, na vida.

Podemos ensinar as crianças desde muito cedo, em não gastar bastante, mostrando-lhes os que mais sofrem, dizendo que é importante ajudar os mais desfavorecidos da sociedade.

Nas minhas viagens para vários Países da Europa, pude constatar que eles tem políticas sociais fortes, na Holanda cem em cem metros, existe os contentores para depositar roupas, calçados, e essa cultura é normal para eles, e desde a infância, é-lhes incutido que têm que ajudar os que mais precisam.

Os seus serviços sociais são fortes externos e internos para quem precisa, e tornou-se uma mentalidade, não só para Holanda, Noruega, Alemanha e outros Países da Europa, mentalidade essa que é possível expandir-se em outras paragens do mundo.

Sim todas as nações podem, juntar e ter uma visão mais humanista, tendo como ponto de partida o desejo profundo (Willing), sem desejo nada é feito, ficará nas promessas.

Lembro-me do terremoto, que houve na Indonésia em 2004, e no Haiti, os alunos formam mobilizados, a passarem porta a porta para recolher dinheiro, para ajudar esses Países, e depois houve a entrega de medalhas, para o aluno que mais recolheu financeiramente.

O aluno levava consigo uma lista, e batia as portas, e explicava o seu motivo, e assim recebia um valor de acordo o desejo da pessoa, e depois de três dias, ou quatro, o aluno fazia chegar a lista na escola e os seus respectivos valores monetários.

No mês de Junho em Portugal, uma amiga minha chamada Davina, mas conhecida por Dove, informou-me que bateram a porta de sua casa, e eram voluntários da Unicef.pt.

Os mesmos estavam recolhendo montantes financeiro para os projectos infantis no mundo, e ela com satisfação, disse-me que agora passou a ser sócia da Unicef, todos os meses sairá valores na sua conta bancária automaticamente para ajuda humanitária.

Nesse sentido, vejo que esses exercícios são importantes para manter o espirito de solidariedade, e não tem como ser bem-sucedido, sem ajudar os mais vulneráveis.

8- NÃO AS DESCULPAS

Não devemos colocar desculpas durante a nossa trajectória no mundo, as vezes a tendência do homem é colocar desculpa das suas falhas, dos seus insucessos, mas temos que reconhecer que temos maior parte da responsabilidade da nossa vida, como foi, como é, e como seguirá para o futuro.

A nossa vida tem três tempos, passado, presente e futuro, e nós temos a grande responsabilidade nesses tempos em aceitar a total responsabilidade, que é a alta forma da maturidade pessoal.

Nunca reclamar se fez mal, isso designa maturidade, devemos parar de fazer sempre reclamações e esperando sempre que tudo vem de alguém, tenhamos a maturidade de aceitar que as mudanças devem partir de nós.

Existe muitas reclamações, da situação económica, dos preços nos mercados, do funcionamento da minha viatura ou sua, do comportamento negativo dos seus vizinhos, familiares, uma grande lista de reclamações que podemos fazer cotidianamente, existindo sempre reclamações.

O que aprendeu-se, não devemos reclamar, pós o que muda você não é o clima, a situação comum que acontece a todos, mas o que deve mudar é o que você esta fazendo cotidianamente, o que você esta fazendo para mudar a sua vida, não espere em alguém, não reclame, vá em frente e faça algo para marcar a diferença.

Eu em particular esperava nas pessoas, e quando não existisse resultados, eu ficava triste, mas fui descobrindo que as pessoas não são culpadas, porque elas tem vários assuntos a resolver, cheguei a conclusão que para existir a maturidade, temos que ser nós mesmos os artistas dos nossos filmes da vida, porque esperar em alguém?

NÃO É O QUE ACONTECEU, OU ACONTECE, MAS O QUE FAZES É QUE FAZ A DIFERENÇA.

Passo a ilustrar o seguinte exemplo abaixo:

Alguém acorda as cinco horas da manha, e vê pela janela do seu quarto, e vê o tempo mau, e diz: hoje não da para sair de casa porque está nevando bastante, outro diz: hoje está chovendo bastante.

O terceiro com uma mentalidade próspera diz: hoje apesar do tempo estar mau, mas eu tenho que sair, com bom agasalho, enfrentar o mau tempo, mas hoje é o dia, de grande oportunidade de negócio, cu vou conseguir ganhar aquele negócio.

Todos tiveram o mesmo tempo, a mesma circunstância, os mesmos problemas, mas o que marcou a diferença foi a atitude positiva para o progresso.

Se desejar o sucesso não reclama as situações, porque o importante não é o que está acontecendo, porque acontece para todos, mas o que faz a diferença, é o que estas fazendo agora para o seu sucesso.

Pare de reclamar meu caro leitor, e digo-lhe que estas de parabéns por leres esse livro, e convido-lhe a compartilhar com o seu amigo, seja e-book ou em book, ajuda alguém a ser feliz.

Na vida passaremos por vários problemas, mas todos os dias tempo que aprender com os nossos erros, com os erros dos outros, e sempre não reclamar mas sim fazer com que as coisas mudem a partir da nossa mudança interna.

Apesar de não ser a favor das reclamações, também não sou a favor daqueles que provocam, que são a causa para que as reclamações possam existir. Sempre teremos insatisfações, mas para as pessoas de sucesso temos que transpor as barreiras e fazer algo para impactar vidas.

9- PALAVRAS DE SABEDORIA

A sabedoria é valiosa, e quando implementada, existe as grandes realizações, os grandes progressos. A aplicação dos conhecimentos, para beneficiar as pessoas, é de grande valia, e temos que ter em conta as palavras de sabedoria, porque um homem sábio, jamais perderá o norte, a razão da sua existência.

Você não veio na terra, para comer, passear, brincar, trabalhar duramente, você veio para deixar marcas de projectos relevantes para a sociedade, pois existe potencial dentro de si, e deixe fluir, brotar para o bem social.

A aprendizagem pertence aos que almejam o sucesso, e sempre onde existe alguém de sucesso, é porque aprendeu os passos a seguir, por isso compartilho algumas frases que ajudarão a atingir seu objectivo na vida:

1- Para onde for o foco, a visão, a energia para lutar fluirá. Se negares ter uma vida derrotada, uma vida da mesmice, sempre ver as facturas de água, luz, renda de casa, te frustrar, então **tenha um foco e a energia fluirá**.

2- Nós somos o resultado dos nossos pensamentos e acções.

3- Aprenda acerca de dinheiro e sucesso todos os dias.

4- 85% dos milionários são Auto feitos. Eles são feitos por eles mesmos, luta intencional diariamente para um fim, um destino.

5- Você pode ser alguém se decidires acreditar, e não podes ser alguém se não acreditares.

6- Não perca seu tempo, o tempo é um recurso gastável, e todos temos a mesma quantidade de tempo disponível todo dia- semana, mês e ano.

7- Cria um produto, um projecto, um serviço, e nunca desista em fazer tornar uma realidade visível.

8- Não aceita alguém que lhe contraria sua ideia, faça o que gostas, não dependa da opinião do outro, vive sua própria ideia, quem sonha é apenas uma pessoa, o sonhador, o que não sonha nem faz ideia do sonho, por isso seja você mesmo a dar corpo o sonho.

9- Seja humilde, e ajude sempre alguém a crescer, tenha um espirito generoso, ajudando os mais desfavorecidos no mundo.

10- O mundo do sucesso, não é fácil é duro, e necessita de grande compromisso, honestidade e afinco.

11- Todo o dia perdido, é um dia que não recuperarás. Agora é o tempo para trabalhar e mudança.

12- Não espere por alguém, comece agora você mesmo.

13- Quanto mais duramente trabalhar, mais serás recompensado, e descansarás no futuro.

14- Faça o que você ama, e o sucesso seguir-te-á.

A razão por que muitos desistem de certos projectos, é porque muitos não amam o que fazem, e quando chegar o momento difícil, as turbulências no percurso, então vão desistindo, porque não amam o que fazem. Se amamos, ainda que surgir problemas, seremos perseverantes, porque é algo que esta dentro de nós.

Tyler Perry, de sem-Teto para multimilionário em 3 anos, foi a decisão, persistência, garra, determinação, mentalidade de não desistir na vida.

O que devemos fazer, é plantar a nossa semente na terra, e quando semearmos não temos que ver como crescerá, mas temos que rega-la diariamente, e chegará o tempo do nascimento e da colheita, é só acreditar, não pare de acreditar.

No mundo apenas 1% da população são os que tomam o risco, os empresários, os milionários, os bilionários, homens de negócio, os 99%, trabalham apenas para esses 1%, fruto das suas decisões em ter que correr vários riscos para alcançar grandes realizações. São poucos os que estão engajados em pensar, projectar, criar empregos, é um exercício duro, mas não impossível.

Para fazer grandes realizações temos que ter a palavra: **Dever** em inglês **must**. Eu **devo** fazer isso, eu **devo** empregar milhares de pessoas, eu **devo** alimentar milhares de crianças, eu **devo** inventar produtos, eu **devo** dar boa vida na minha comunidade, eu **devo**. Esse **eu devo**, tem que estar na sua boca, todos os dias, pensar e falar o que deves fazer para mudar a sua vida e dos demais.

10- ACÇÃO HUMANITÁRIA

Nesse livro pensei necessário dar o meu contributo, no que tange o aspecto humanitário, uma vez que o homem sente maior realização quando, realiza uma contribuição para o ser humano.

São várias organizações de caracter humanitário, espalhado no mundo, que tem realizado bons serviços, e mesmo assim necessitamos do surgimento de várias organizações ou ONGs, e para tal, é preciso saber que sem acção humanitária, dirigido ao próximo, o sucesso será egocêntrico.

Na entrevista do Sr. Bill Gate no programa TV 60 minutos do canal CBS NEWS, foi entrevistado e pude ver a grande ambição em ter que ajudar milhares de pessoas no mundo, e sofre tudo, nos Países subdesenvolvidos, combatendo contra as várias doenças, tais como: Malaria, Tuberculose, Pólio.

Dar melhores condições de acesso a água potável, escolas, hospitais. Essa visão, mexeu comigo, por saber que disponibilizou a sua fortuna, para ajudar aqueles que mais necessitam. **Grande visão**, sempre tem **Grande Missão**.

Para sua reflexão, favor ir no link abaixo, para ver os factos:

http://www.youtube.com/watch?v=YC6evrNNHoA

http://www.youtube.com/watch?v=4HsQtAT9-O4

http://www.youtube.com/watch?v=Npe0hvJHIyg

São várias organizações que estão fazendo suas acções humanitárias, e penso é uma forma para adquirimos o sucesso na vida, ajudando os que mais necessitam. Algumas fundações humanitárias que menciono abaixo, e como disse, é preciso termos espirito generoso se pretendermos ser bem-sucedidos na vida:

Howard Schultz Foundation, Warren Buffett Foundation, **Harold Hamm Foundation**, George Kaiser Foundation, **Carl Icahn Foundation**, Mission Bread of Life to Haiti Jentezen Franklin, **Charles Ergen Foundation**, Larry Ellison Foundation, **Rupert Murdoch Foundation**, Ralph Lauren Foundation, **Lika Shing Foundation**, Dustin Moskovitz Foundation, **Mark Zuckerberg Foundation**, Liliane Bettencourt Foundation, **Christy Walton Foundation**, Jacqueline Mars Foundation, **Gina Rinehart Foundation**, Suzanne Klatten Foundation, **Abigael Johnson Foundation**, Anne Cox Chamber Foundation, **Joyce Meyer Trinity Foundation**, Drew Gilpin Faust Foundation, **Sri Mulyani Indrawati Foundation**, Risa Lavizzo Mourey Foundation, **Judith Rodin Foundation**: http://www.youtube.com/watch?v=x_PB5_EjND0, **http://www.youtube.com/watch?v=vEvEcoMTISU** and the Sheikha Mayassa Al Thani Foundation, Luis Figo Foundation.

Durante o serviço nas Nações Unidas, o autor contemplou a grande necessidade que as pessoas passam, quando faltam-lhe quase tudo, e as ajudas sempre jogam um papel fundamental, para minimizar o sofrimento.

Varias ONGs nacionais e internacionais trabalharam em Angola- Africa, tais como: Visão Mundial USA, Care- Internacional USA, Concern- Irlandesa, MSF- Belgica, Aicef- Italy, e as instituições do Pais, todos envolvidos na causa humanitária.

Comece a pensar, inicia seus projectos, contando com a acção humanitária e verás a maior alegria e sucesso global.

Não mencionarei várias iniciativas humanitárias, mas apenas algumas, que estão em ligação com o Programa Alimentar Mundial- Itália, ajudando as crianças pobres no mundo, como abaixo menciono:

• Ronaldinho, estrela do futebol

Embaixador contra a fome

Famoso por seu sorriso de marca e capacidade de marcar golos de cair o queixo, o carismático brasileiro Ronaldinho foi eleito pela FIFA World Player of the Year em dezembro em 2004.

Um campeão do mundo com o Brasil, em 2002, ele inspirou a sua equipe de Barcelona ao título espanhol em 2004-2005.

"Eu tive sorte disse o craque, o futebol salvou minha família da pobreza. Agora eu quero ajudar a salvar outras crianças que não são tão afortunadas PAM.UN-WFP- Ronaldinho.

Um herói de "favelas" do Brasil, ou favelas, cujo pai morreu quando ele tinha apenas oito anos, Ronaldinho cresceu num bairro pobre de Porto Alegre, no sul do país.

Fortunas da família foram transformadas quando seu irmão mais velho Roberto assinou contrato com o clube de futebol local. Como um embaixador do PAM- UN contra a fome, Ronaldinho usará a mesma paixão edificante que permite-lhe inspirar companheiros de equipa e fãs para chamar a atenção para a situação das crianças com fome 300 milhões ao redor do mundo.

O Antigo presidente do Gana, John Kufuor apoia o esforço do PAM para combater a fome entre crianças em idade escolar em todo o mundo. Ele se juntou a uma equipe de elite de celebridades, esportistas e estadistas que advogam em nome de pessoas mais pobres e mais faminto do mundo.

Kaká foi uma das estrelas que ajudou a lançar o preenchimento do PAM na campanha da Copa em Fevereiro de 2008.

Esse livro ajuda, também o leitor a fazer a sua pequena ou grande doação direita para o Programa Alimentar Mundial, indo para o site: www.wfp.org,donations.

Por isso não desculpa, como não fazer uma acção humanitária na sua vida e ser feliz.

Em Angola, por cerca de trinta e cinco anos o país viveu na guerra e foi um verdadeiro serviço humanitário para alimentar milhares em necessidade, e ficou na história recente do País, e actualmente é a nova fase da reconstrução, construção, integração e reintegração social.

O autor acredita nos esforços sociais em ter que dar boa vida para o povo Angolano, relativo ao plano do Governo, apresentado no empossamento do Presidente de Angola Sua Excelência Eng. **José Eduardo dos Santos**.

A visão é boa, que é necessário o envolvimento conjunto, para que possa tornar realidade, e maior percentagem do planificado.

Por isso da grande abertura necessária, parcerias institucionais, e acredito que nada é impossível, pelo caminho longo que já se percorreu, e das grandes tempestades do passado, mas que mantemos firmes para um futuro do Pais brilhante e próspero nos domínios diversos, fazendo de Angola um País belo para se viver, segundo o discurso do Presidente como abaixo menciono nesse nosso livro:

-O esforço envolve avaliação dos angolanos e, fundamentalmente, a constante melhoria de suas condições de vida através de melhorar os mecanismos e vias de acesso a saúde, saneamento básico, água potável e habitação adequada.

-O programa de luta contra a pobreza e a fome não será extinto, será reforçada! O maior desafio a ser vencido é tornar cada cidadão um agente
activo dinâmico no mercado de produção e consumo, com efeitos directos na sua qualidade de vida e bem-estar.

-Crianças, idosos e pessoas com deficiência sempre foram o centro de governação política.

No mandato do executivo aumento de assistência social e solidariedade apoiará a estes Cidadãos com medidas concretas de assistência à criança na reintegração social, pré-escolar e profissional de treinamento para deficientes e estender a todas as Províncias do anfitrião instituições carentes social e apoio aos idosos.

-Dedicar mais recursos para melhorar as condições sociais de Indivíduos, famílias, especialmente aqueles que têm pouco ou quase nada para sobreviver; Fim da explanação social.

Depois de analisada o discurso, o autor, pensou que essa visão é positiva para impactar vidas, não apenas ser da responsabilidade Governamental, apesar de ser o principal parceiro social.
Porém é necessário todos da sociedade tais como: Empresas privadas, Estatais nacionais e estrangeiras a operar no País, pessoas individuais, collectiva, é necessário a comparticipação social aos mais vulneráveis, e contribuirá imenso para o crescimento do desenvolvimento humano.

O autor pensou: Imaginou se todas as empresas tivessem comparticipação social como um dever, escrito nos contractos e supervisionado rigorosamente por peritos no campo social e humanitário?

Grandes avanços existirão, sou a favor de acreditar, que todo o sucesso seja pessoal, colectivo, é intencional e nosso futuro e melhor, o País tem bom plano social, abrangente e ambicioso.

São iniciativas valiosas, que é necessário o embalar de todos, o envolvimento de todos, rigor, desempenho, estratégias e os resultados serão o sucesso na sociedade, apesar de ter-se feito, mas sempre os subsídios, ideias é importantíssimo, sendo as ideias a ferramenta principal para o progresso.

Minha mãe, ensinou-me, quando vermos o outro como nosso, nosso irmão, nosso próximo, sentiremos a alegria de viver.

Ela dizia: a mãe do outro é minha mãe, ou seja temos que valorizar o homem, porque é o homem que produz, que desenvolve. Sim unidos, sim nós podemos, yes we can (Inglês)

Outras contribuições digna de realce:

Sua Alteza real a princesa Haya Bint Al Hussein - ex-embaixador WFP

A filha do falecido rei Hussein Bin Talal da Jordânia e esposa de sua Alteza Sheikh Mohammed bin Rashid Al Maktoum, Vice-Presidente dos Emirados Árabes Unidos e primeiro-ministro e governante de Dubai, princesa Haya Bint Al Hussein tem um histórico distinto de serviço público e faz com que o excelente compromisso humanitário.

Sua Alteza Real estabeleceu a primeira Organização não-governamental alimentar (ONG) no mundo árabe, 'Tkiyet hum Ali,' uma iniciativa única, que ela fundou na Jordânia para fornecer ajuda alimentar e serviços sociais para os pobres. Projecto valiosíssimo, de ser seguido por vários Países, dando aberturas diversas para que haja mais organizações de cariz humanitário em varias nações.

De 2005 a 2007, princesa Haya juntou ao PAM, ou Programa Alimentar Mundial- WFP, como uma embaixador da boa vontade - A primeira árabe e a primeira mulher a assumir a posição. Sua nomeação foi apoiada pelo secretário-geral da ONU Kofi Annan, tornando-a a segundo embaixador de boa vontade já pelo PAM.

Em Dezembro de 2005, a princesa Haya viajou para Malawi para ver em primeira mão o impacto da crise alimentar lá. Ela falou com as crianças e suas mães em uma unidade de reabilitação nutricional e testemunhou uma distribuição de alimentos do PAMA, para as pessoas mais vulneráveis do país.

Sua visita, no auge da temporada de magra, ajudou a concentrar a atenção da comunidade internacional no Malawi em um tempo quando era mais necessário.

Em Setembro de 2007, Princesa Haya foi designado UN mensageiro da paz pelo Secretário-geral Ban Ki-Moon, Como ilustrado na foto abaixo.

"Eu quero falar com as pessoas e entender o que eles estão passando, então posso falar para o mundo em seu nome..."-princesa Haya Bint Al Hussein.

O Autor viajando em serviço humanitário nos anos de **1993 a 2002,** nove anos de serviços humanitários de emergência, pela natureza humanitária no momento:

UNITED NATIONS ID DO AUTOR: Recorda momentos difíceis na causa humanitária em Angola.

O Presidente do Estados Unidos da América Barack Obama, tem prestado apoio as varias iniciativas sociais e humanitárias, e dentre as várias, mencionamos a fundação Megacare:

Presidente Barack Obama e Bishop Td. Jakes, Fundador da Fundação Megacare.

Para ter sucesso, é necessário lutar contra a pobreza, uma vez que faz parte nos desafios do compromisso do Desenvolvimento do Milénio das Nações Unidas, sendo a primeira prioridade.

Objectivos de desenvolvimento do Milénio: Um breve resumo (Março de 2010)

• OBJETIVO 1: erradicar a extrema pobreza e a fome
• Meta 2: alcançar a educação primária universal
• META 3: promover a igualdade de género e capacitar as mulheres
• META 4: reduzir a mortalidade infantil

- META 5: melhorar a saúde materna
- META 6: combate HIV / SIDA, a malária e outras doenças
- OBJETIVO 7: garantir a sustentabilidade ambiental
- OBJECTIVO 8: desenvolver uma parceria global para o desenvolvimento

ALGUNS FATOS

- A proporção de mulheres com um emprego fora do sector agrícola é baixa, estando em 20% no sul da Ásia, Ásia Ocidental e norte da África.
- A percentagem global de mulheres no Parlamento continua a subir lentamente e atinge 18%, o que significa que ele fica muito aquém a paridade de género.

As disparidades de género no acesso à educação diminuíram, mas permanecem elevadas ao nível do ensino superior e em algumas regiões em desenvolvimento.

Taxas de inscrição das meninas na educação primária e secundária têm aumentado consideravelmente nos últimos anos. No entanto, o destino de 2005 não foi cumprido e enormes desafios permanecem, há grandes disparidades em relação à educação primária na Oceânia, África e Ásia Ocidental.

Apesar dos progressos, o número de homens no emprego remunerado permanece maior do que a das mulheres na mesma situação, e as mulheres são muitas vezes relegadas para formas mais vulneráveis de emprego.

Globalmente, a proporção de mulheres no emprego remunerado fora do sector agrícola tem continuado a aumentar lentamente, atingindo 41% em 2008. Mas continua a ser baixa, 20% no sul da Ásia, norte da África e Ásia Ocidental, e 32% na África Subsaariana.

O fundo especial para a eliminação da violência contra as mulheres, gerenciadas pela UNIFEM em nome do sistema das Nações Unidas, apoia as medidas nacionais e locais para combater a violência contra mulheres e meninas. Desde 1996, apoiou 304 programas em 121 países, afectando mais do que US $ 550 milhões em subsídios.

A comida das Nações Unidas e agricultura (FAO), UNIFEM, UNESCO e o Banco Mundial estabeleceram uma parceria com o governo da Libéria em 2007, para fomentar a produção de mandioca, através do grupo da Libéria Gois preocupação feminina.

Em meados de 2009, a iniciativa tinha fornecido perícia técnica e equipamento para 500 mulheres. Concluímos que todos esses exercícios das Nações Unidas e dos seus parceiros principais os Governos dos Países, tem em vista a luta contra a pobreza, apesar de que alguns Países estão empenhados e outros precisam sair da teoria para a prática.

11- OS GRANDES Ds

Os grandes Ds, trabalha para toda vida, todos aqueles que desejam fazer um impacto na vida, realizar serviços que possam beneficiar as pessoas.

Descobri, que todos os serviços, surte maior eficácia e recompensa, quando nós pensamos em servir aos outros. Não existe maior alegria, maior satisfação, a não ser em ter que ajudar os outros.

Grande personalidade mundial, como Nelson Mandela, Madre Tereza e vários outros, a sua acção virava em ver um mundo melhor, ajudar os que estão excluídos da sociedade, muitos tem em excesso e outros não tem nada.

E tomei conhecimento através de um relatório, que existe milhares de toneladas de desperdício alimentar no mundo, enquanto outros morrem sem alimentos, como se segue abaixo:

MUITOS DESPERDÍCIO ALIMENTAR, ENQUANTO MILHARES MORREM DE FOME NO MUNDO.

É necessário, o esforço de várias organizações, para tirar proveito destes alimentos e não permitir esses desperdícios, pois muitos necessitam destes alimentos.

A ONU lançou uma campanha global contra o desperdício de alimentos, com o objectivo de reduzir o desperdício até 2020.

Note-se que 30% a 50% de alimento do mundo é desperdiçada, e de acordo com um relatório do Instituto britânico. Um quarto dos resíduos seria para alimentar cerca de 1000 milhões de pessoas, que passam a fome no mundo.

É uma questão de urgência, medidas, iniciativas, estratégias para resolver este tipo de problema. Esta organização, estão fazendo estudos profundos, e acho que é certo, porque muitos sofrem e morrem sem comida.

Levantemos nossas grandes iniciativas globais, para evitar o desperdício e canalizar para os pobres, que muito necessitam.

É tempo de nos levantarmos, e cado um no seu campo do saber, deve fazer algo, para termos o bem na comunidade, nas comunidades, fomentando mais trabalho, para que haja mais empregos, e boa vida para as famílias.

Caso o foco dos serviços de todos forem para o bem dos outros, minimizaremos sofrimento, e atingiremos maiores realizações.

O subtítulo é os **Grandes Ds**, o que isso quer dizer? Abaixo, veremos que para termos bons resultados na vida, temos que obedecer os grandes Ds, abaixo mencionados:

1. **Decisão**- Para ser bem-sucedida, temos que decidir, sair das trevas da ignorância para a luz, temos que ter a verdade e não a mentira, decisão de inovar, decisão de ser diferente, decisão de não reclamar mais sim acreditar.

   Decisão de pensar alto e não baixo, decisão de ter espirito de Águia, e não dos pequenos pássaros, decisão de ultrapassar os obstáculos, decisão de ver melhor a vida dos outros, decisão de mudar sua mentalidade, decisão de aprender todos os dias consigo mesmo e com os outros.

Tudo na vida para as circunstâncias mudarem, temos que ter o d, da decisão. É tremendo, ninguém crescerá, ninguém atingirá grandes realizações sem a decisão.

Estava fazendo uma retrospectiva dos homens de sucesso, tais como Bill Gates, Jim Rohn, Anthony Robbins, Les Brown, John Maxwell, Oprah, Napoleon Hill, Nelson Mandela e muitos outros, eles tiveram uma trajectória de decisões em meio as tempestades, mas tiveram que decidir para a mudança.

2. **Desejo**- Temos que ter o desejo de criar uma boa vida, sim esse desejo reside dentro de todos nós. Temos que desejar sempre algo melhor, o desejo ardente deve ser o primeiro passo para alcançar realizações.

Qual é o seu desejo interno, eu tenho um desejo de construir vários hospitais, tenho desejo de construir vários orfanatos, vários centros de recuperação e inserção para os tóxicos dependentes, é um desejo, tenha um grande desejo de impacto global.

Nota que desejar algo não é proibido, porque todos nós somos iguais e temos desejos.

As vezes o meio ambiente onde nascemos, dificulta para que o desejo não veja os seus dias a se concretizarem, as condições educacionais onde vivemos, os meios de informações, tudo isso contribui, mas não temos que nos prostrar perante esses obstáculos, sempre devemos ir em frente.

Se o seu desejo for ardente, e lutares para dar a luz esse desejo, então verás no mundo físico aquilo que estava plantado no seu mundo interior.

Não permita para que as palavras negativas de derrota, possam sussurrar na sua mente, vá em frente, nascestes com um espirito vencedor, um espirito dominador.

Aqui, quando se trata de espirito dominador, não significa dominar, humilhar os outros, mas dominar as circunstancias, dar a volta das situações e ver bons resultados.

Não é fácil, quando uma mulher está para dar a luz, vem o momento de muitas dores, mas sim quando não chegou o tempo de dar a luz, nada acontece, e quando esta quase para dar a luz, as dores aumentam bastante, e as vezes pensa nunca mais ter outro filho.

Quando o bebe, estiver nas mãos, as dores, os momentos difíceis passam, e vem a alegria de ver o filho.

Assim também ocorre, no campo das inovações, no campo do trabalho, temos que ter desejo que os problemas passarão, e os problemas são portas de oportunidades para um futuro melhor.

Sem problemas, as pessoas permanecem calmas, mas com problemas, vamos atrás das soluções.

No percurso existirão rejeições, mas a rejeição só vem para dar mais energia, rejeição é sinónimo de direcção para novos níveis e melhores.

Com desejo no coração, não permite, nada contrario a si, para lhe destruir.

Um dia a minha esposa trabalhava numa empresa, e nós desejamos que ela continuasse naquela mesma empresa, felizmente foi despedida porque já não precisavam os seus serviços, e também o quadro de pessoal, segundo eles já estava preenchido.

Fomos para casa, e estávamos tristes. Depois de passado cerca de cinco anos, começamos a fazer uma retrospectiva, e consideramos que aquele despedimento valeu apenas.

Nós decidimos fazer uma coisa nova, mudamos de localidade habitacional, adquirimos novas pessoas amigas, adquirimos novas condições sociais. Imagina se não fosse despedida, talvez estaria a trabalhar naquele emprego, e não despertaria outros horizontes.

Temos que agradecer a desejar, e não desistir dos nossos sonhos, acreditar que rejeição é promoção.

3. **Disciplina**- Para concretizar os seus sonhos, tem que ser muito disciplinado, as vezes trabalhar aos sábados, sair do escritório as 18 horas.

Sem disciplina, ninguém verá o sucesso, tem que ser disciplinado a fazer os seus projectos, acordar cedo, ler bons livros, disciplina em não ficar muito tempo ver filmes que em nada tirará proveito, as vezes conversa com amigos improdutivos, que causar-te-ão improdutividade.

Temos que saber com quem nos associarmos, se desejares ser bem-sucedido, temos que ter disciplina, com quem estarás se relacionando.

Algumas pessoas na sua vida, vão ter que desaparecer do seu relacionamento cotidiano, porque são pessoas pessimistas, negativas.

Dizia Mr. Les Brown admiro bastante sua humildade, já chegou a dar uma palestra nos Estados Unidos da América, num estádio de futebol, onde havia cerca de 80 mil assistentes, e ele diz:

Se você tiver dez amigos, que só falam coisas negativas, não têm alegria de progredir na vida, se você continuar a andar com eles, dizia a sua mãe, você serás a décima primeira pessoa negativa, porque você vai herdar o seu caracter negativo.

Existe um ditado que diz, diz-me com quem andas e dir-te-ei quem és.

Por isso prefiro aprender com pessoas positivas, pessoas que seu objectivo é ajudar os outros, fazer projectos relevantes para as nações, sim viemos no mundo, fomos colocados conhecimentos para desenvolver, ajudar, deixar legado, e voltar vazios.

Nota que o homem tem dentro dele, potencial, grandezas e deve ser bem aproveitado, dando contributo para a sociedade.

Muitos dizem não me diz de disciplina. Essa palavra parece muita exigência nas pessoas, mas não.

Disciplina cria um grande e forte relacionamento conjugal, disciplina mantem filhos bem-educados, com princípios. Onde não existe disciplina existe desordem.

Existem casas onde a disciplina está ausente, no final de semana, o esposo chega em casa, come ele sozinho, fazendo seus trabalhos no computador, e como nos quartos os filhos tem televisão e computadores.

Lá estão os filhos a comerem nos quartos, e em contacto com os amigos. Quando chega a mulher porque estava conversando com a vizinha, ela serve-se e toca a comer.

Nessa casa não tem disciplina, e assim será uma passagem de testemunho negativo aos filhos, e eles pensarão que é normal conduta.

A boa disciplina é comerem todos juntos, cria laços comunicativos, laços de amor, sentimento de confiança familiar, disciplina wauuu, que incrível palavra disciplina.

A disciplina, cria um bom curriculum profissional, torna um bom aluno, disciplina de estudar sempre, sem acumular as matérias para o dia da prova.

Para o estudante Universitário, a disciplina de pesquisar, cria um cérebro vasto, inovador, competitivo, porque esta sempre crescendo em disciplina.

A disciplina é a porta para fazer tornar alguma coisa, um projecto da imaginação para a realidade, a disciplina transporta você para outros mundos diferentes e melhor.

Tenho que saber falar, ser disciplinado em ter que saber fazer uma apresentação oral, boa apresentação de um projecto, tudo requer disciplina de preparação.

A disciplina em ter que ser um bom músico, um bom pianista, um guitarrista, tem que ter disciplina em passar horas e horas de treinos, ouvir os grandes músicos, visualizar, treinar horas e horas e será bem-sucedido no campo musical.

Um dia durante os trabalhos Humanitários, entrei na sala do meu supervisor de Nacionalidade Brasileira, tive o privilégio de trabalhar com vários supervisores de várias nacionalidades.

Esse supervisor que trabalhou pouco tempo comigo, ele escrevia sem olhar para o teclado. Foi maravilhoso vê-lo a escrever os documentos sem olhar para as letras do teclado. Depois de vê-lo, eu disse a mim mesmo que desejava escrever sem olhar também nas letras do teclado.

Ele deu-me um jogo, e depois das horas normais de serviço, eu jogava sempre para mudar a minha forma de escrever no computador, rápido e sem olhar nas letras do teclado.

Foi difícil, mas eu tinha o desejo. Enquanto os outros jogavam cartas, nas horas vagas, eu estava no meu jogo do teclado.

O engraçado, com o passar do tempo, a disciplina valeu apenas, agora escrevo sem olhar nas letras do teclado, parecendo que cada dedo tem olhos, não é, mas sim foi a disciplina. Faça tudo na vida com disciplina, e verás os resultados positivos.

SEM DISCIPLINA NÃO EXISTE SUCESSO

4. **Desenvolvimento**- É necessário que haja desenvolvimento, para progredirmos na vida. Temos que desenvolver em estatura e em conhecimento, desenvolvimento físico, emocional, social.

Se não desenvolvermos, é porque estamos parados, e se estivermos parados, não existirá nada para contribuirmos para a sociedade.

É necessário preocupar-se com o nosso desenvolvimento pessoal, tenha atenção, se estas crescendo ou decrescendo, quantos livros tens lido todas as semanas, será que estas desenvolvendo? A resposta esta dentro de ti mesmo, e se não, aproveite o tempo para desenvolver o potencial que existe dentro de si para melhor servir as pessoas.

O seu desenvolvimento, não vai beneficiar apenas você, mas sim, tem como objectivo, ajudar os outros a atingirem o seu real potencial.

5. **Direcção**- Temos que ter em mente onde estamos indo, e como estamos indo, uma vez que a direcção deve estar bem escrita, para saber onde pretendemos ir.

Temos que ter a ideia bem clara, o que desejamos ser, onde é que estamos e onde iremos.

A direcção, manterá vivo as suas energias. Será que estas na direcção certa? Temos que ter a confiança onde estamos indo, e onde estamos agora. Estamos no lugar certo, no caminho certo, e estaremos no lugar e no tempo certo, essa deve ser a direcção interna em nós.

Sem uma boa direcção o povo perece, o povo é destruído. A causa de vários desnortes em varias nações, é pela falta de várias politicas de direcção, onde se pretende ir, será que estamos fazendo bem agora, qual a direcção a seguir.

Esse direccionamento não deve estar apenas no papel, mas sim na prática, porque a prática é o critério da verdade. Teoria sem prática é morta. Tenha uma boa direcção na vida e terás o sucesso global.

Em inglês é dito: Actions Speak Louder than Words Ou seja acções falam mais que palavras.

Não importa a quantidade de palavras contidas no seu discurso, mas se não tornar em acções, não causará impacto comunitário, global, por isso tenhamos direcção.

Definição- É a concepção, caracterização. É a formulação de uma ideia por meio de palavras.

O termo "conceito" tem origem no Latim *"conceptus"* (do verbo *"concipere"*) que significa "coisa concebida" ou "formada na mente".

O conceito é aquilo que se concebe no pensamento sobre algo ou alguém. É a forma de pensar sobre algo, consistindo em um tipo de apreciação através de uma opinião manifesta, por exemplo, quando se forma um bom ou mau conceito de alguém.

Temos que ter uma definição clara do que se pretende, isso bem patente na nossa mente, em forma de palavra, para que seja materializado no mundo físico, tornando apalpável e benéfico para todos.

Alegro-me pela invenção das novas tecnologias de informação, veio para acelerar várias invenções que nunca foi vista na história da humanidade, mas tudo para beneficiar pessoas em vários domínios, e nós temos que tomar posse, das novas tecnologias para o progresso social internacional.

Todos os dias, existe centenas de pessoas a pensarem onde inovarem, e como inovarem para o benefício colectivo. Seja um dele amigo leitor, e faça a diferença.

6. **Dilema**- Nós passamos por vários dilemas, no nosso interior, como resolver esse problema, porque estou vivo? Existem muitos porquês na vida, isso aconteceu comigo.

Não devemos parar nos vários dilemas da vida, porque existem coisas que temos que dizer, fica para trás, e vou prosseguir. Muitas coisas na vida não terão explicações, e se estiver a procurar várias respostas, varias argumentações, perderás o seu tempo para ser feliz e ser produtivo.

Fu gostava muito, de saber o porque isso aconteceu comigo, isso tinha que ser assim. Me falaram isso, não gostei disso. Não, não, não, vamos fazer as coisas e deixar para trás certos dilemas da vida.

Deixa alguns mistérios serem mistérios, alguns puzzles serem puzzles, seja feliz na vida e aprenda a contribuir para a sociedade.

7. **Desilusão**- Temos que afirmar a disciplina, para não sermos desiludidos, temos que afirmar os nossos conhecimentos, fundar os projectos na base dos conhecimentos necessário, fazer as coisas rectamente para não sermos desiludidos.

Se não existir preparação prévia, então esperaremos desilusão no futuro, por isso agora é tempo para preparares para a luta da vida.

8. **Destino**- Você precisa ter uma clareza onde pretendes ir na vida.

É preciso sabermos onde estamos indo, o nosso destino, nosso ponto final de tudo que estamos fazendo, temos que saber o que almejamos para ajudar milhares de pessoas. Tenhamos um destino próspero e digno.

9. **Dignidade**- A dignidade deve ser a base fundamental de uma pessoa bem-sucedida. Depois de longo percurso de luta para atingir o sucesso, tem que ter no interior a dignidade de dizer:

Tudo o que fiz, foi ajudar as pessoas a serem felizes, ajudei as pessoas a sorrirem, a dignidade de sentir realizado em ver outros realizados.

A dignidade em saber o que conseguiu, foi em projectos que custou o sacrifício da ajuda dos outros, da aprendizagem com os seus erros, e com os erros dos outros, com o sucesso dos outros, dignidade de erguer e dizer, podemos celebrar a nossa jornada do sucesso, e todos encararmos o futuro brilhante e próspero.

Depois de leres cuidadosamente esse livro, convido-lhe a encarar seriamente a sua vida, como está indo, e faça uma profunda reflexão para mudar de direcção, e ter um futuro melhor.

Abaixo, ilustrei várias imagens de bens que pode ser alcançado, se seguires diligentemente o conselho escrito nesse livro. As suas contas mensais, ou as suas despesas, não será grande problema na sua vida, e estenderás a alegria para milhares no planeta. Aprecie comigo as imagens de uma vida próspera:

Doocab.com

Boomwala.com

Crunchpost.com

136

12- O LÍDER DE SUCESSO

\

Como disse um grande líder internacionalmente reconhecido, um grande e bom líder, tem que ter a sua volta líderes em potencial, ou seja líderes em que podes passar a visão, para que o trabalho, a obra, a organização, a instituição, possa continuar, mesmo na sua ausência.

John Maxwell é um renomado motivador, e tem passado seus conhecimentos a longo dos anos, e penso que é com homens como esses e outros bem-sucedidos que temos que aprender.

Meu caro leitor e amigo, seja do ebook ou book, toma cuidado com quem se relacionas, será que estás a baixar de nível ou a progredir na vida?

A vida é tão curta e temos que deixar bom legado para os nossos filhos, os nossos netos, as nações, eu desafio-lhe a pensar Grande, uma vez que já aprendeu a não desculpar-se de tudo.

Muitas organizações hoje não conseguem usar seu potencial, porque? Porque a única gratificação que oferecem aos seus funcionários é o salário.

A relação entre padrão e funcionário, nunca vai além desse ponto. Um líder, uma organização de sucesso, assumem outra abordagem.

Em troca do trabalho que oferece, a pessoa não só recebe seu salário, mas também estímulos das pessoas para quem trabalha. E o estímulo tem a capacidade de transformar a vida das pessoas.

Tão logo tenha identificado líderes em potencial, você precisa começar o trabalho de transformá-los nos líderes que eles podem ser. Para isso, você precisa de uma estratégia. Utiliza o acrónimo CICA, como um lembrete do que as pessoas precisam quando iniciam o trabalho na organização:

CONFIAR NELAS

INCENTIVÁ-LAS

COMPARTILHAR EXPERIÊNCIAS COM ELAS

ACREDITAR NELAS

A técnica do CICA é o começo do próximo elemento de desenvolvimento dos líderes que estão a sua volta.

Para você ter sucesso, você precisa saber que vai trabalhar com pessoas e por isso tem que saber as bases de ser um bom líder, tendo uma tarefa crucial, estimulando líderes em potencial.

Recorda que o estímulo tem a capacidade de transformar a vida das pessoas.

O estímulo beneficia a todos, que pessoa não se sente mais segura e motivada quando seu líder confia nela, a incentiva, compartilha experiências com ela e acredita nela? As pessoas são mais produtivas quando são estimuladas. O que é mais importante ainda, é o estimulo cria um forte alicerce emocional e profissional entre os funcionários que têm potencial de liderança.

Mais tarde, usando o treinamento e o desenvolvimento, o líder pode ser desenvolvido sobre esse alicerce.

O processo de estímulo implica em mais do que um simples incentivo. Inclui também o exemplo. Na realidade, a maior responsabilidade do líder no processo de estímulo é ser exemplo de liderança, de uma forte ética profissional, de responsabilidade, de caracter, de franqueza, de consistência, de comunicação e de confiança nas pessoas.

Mesmo quando está no processo de oferecer algo às pessoas que estão à sua volta, o líder também é um exemplo.

O processo de ser exemplo atinge seu potencial máximo quando o próprio líder escolhe um exemplo a ser imitado e, em seguida, torna-se um exemplo para os membros de sua equipe.

Como uma vez disse o escritor do século XVIII, Oliver Goldsmith: `As Pessoas raramente melhoram quando não têm outro modelo senão elas mesmas para imitar`. Nós líderes que caminhamos para o sucesso, devemos nos apresentar como exemplo a serem imitados.

Mark Twain certa vez brincou: " Fazer o que é certo é maravilhoso. Ensinar os outros a fazer o que é certo é ainda mais maravilhoso- e muito mais fácil." Tenho algo a inferir da ideia de Twain: " Levar os outros a fazer o que é certo é maravilhoso.

Fazer o que é certo e depois levar os outros a agir assim é mais maravilhoso- e mais fácil." Como Twain, reconheço que as autodisciplinas que implicam em fazer o que é certo e depois ensinar os outros a fazer o que é certo são difíceis para a natureza humana.

Aqui vejo que nem todos têm a mesma capacidade de absorverem os ensinamentos passados, por isso o líder tem que ter em conta, que deve ter paciência que o processo é progressivo, tendo uns que aprendem facilmente e outros mais lentos.

13- NOTA BIOGRÁFICA DO AUTOR

United Nations Reference letter:

World Food Programme

28 of March/02

TO: Whom it may concern

Saurimo/ PRRO 615 9.01

FROM: Antonio Muhungo, WFP.Saurimo'Base Manager

Date: March 28, 2002

STATEMENT OF REFERENCE

This is to state that **Mr. LINO BENZA** worked for World Food Program in Saurirno, as Logistic Assistant. For the time I supervised him, he performed   his tasks in a professional manner, being accurate with statistics on commodity stocks and delivery. He had been responsible for supervising the work of a logistic clerk and a storekeeper. His reports were always well presented, submittcd in time and accurate.

While on duty, he received training on stock level   & warehouse management principles and procedures in use at WFP.

I would very much recommend him for a similar position in any UN agency and Nongovernment   Organization where   integrity to   principles,   high   performance   is required.

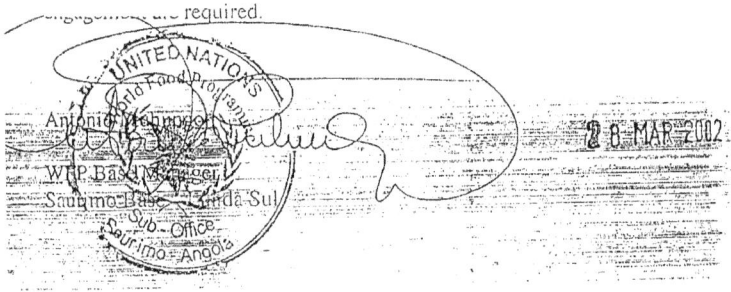

World Food Programme – Saurimo

To Whom It May Concern.

Letter of Reference for Mr. Lino Benza.

Mr. Benza has requested me to write a letter of reference for him in support of his quest for employment in Luanda, and thereby his application for a position within your organization. He has briefed me in respect of his job quest and accordingly I write this letter in response to this background and my experience with him as his supervisor in WFP Saurimo since February 2000.

Mr Benza is presently employed with the WFP in Saurimo in the capacity of Logistics Assistant. The logistics team task is to ensure the supply chain process in Saurimo is functioning. This plans, implements, and controls the efficient, effective flow and storage of goods, services, and related information from the point of origin to the point of consumption in order to meet our users requirements.

I have found Mr. Benza to be a pleasant, hard working, reliable and honest person who makes his contribution to the objectives of our mission here in Saurimo. Mr. Benza speaks and writes reasonable. He has a good PC user and control of Excel and Word. He his an authorized WFP driver and when called to perform this reserve task, he his always very willing and a very safe driver. Additionally he is well organized and prepared to work long hours. When the objectives of the project task are given and explained he is capable of good quality unsupervised work. He has good attention to detail and sticks at a job until he gets the solution. He produces the regular reports that are required by his duties without delay and with no reminder.

I recommend Mr. Benza for similar work in your organization. However, we are very happy for him to remain with us – though we never stand in the way of anyone who wishes to advance themself).

I am available for further comment should you wish.

Natural
Resources
Institute

University of Greenwich, Central Avenue,
Chatham Maritime, Kent, ME4 4TB United Kingdom.

This is to certify that

Lino Benza

participated in the

Food Aid Commodity Management Seminar

which ran from
6–10 March 2000
in Luanda, Angola

David J Walker
NRI Seminar Facilitator

Director
World Food Programme,
Luanda, Angola

Lino Avelino Benza, de Nacionalidade Angola, nascido ao 29 de Agosto de 1969, na Província do Kuanza- Sul, numa aldeia ou comuna pequena rural, chamada Cateco de Cima, no município da Gabela.

Em 1970, mudou de residência com os seus pais, para Luanda, na Capital de Angola, onde frequentou os seus ensinos secundários.

Frequentou e concluiu com satisfação o curso de Formação Docente no Instituto Garcia Neto, em Luanda de 1986 a 1988, tendo concluído e leccionado entre o ano de 1988 à 1993.

De 1993 até 2002 (nove anos), trabalhou na maior Agencia das Nações Unidas em Angola, no Programa Alimentar Mundial, tendo adquirido experiencias variados, com supervisores directo de várias nacionalidades.

Trabalhou directamente com várias ONGs, Nacionais e Internacionais, tendo adquirido funções seniores nos subescritórios, como Oficial Provincial Logístico, e Base Manager acting.

A assistência era considerada de emergência, pela natureza humanitária do momento, e na altura atraiu vários doadores internacionais, para o cumprimento da missão internacional das Nações Unidas.

Frequentou a Brigada Jovem de literatura nos anos de 1989 a 1991, tendo adquirido vocação literária o gosto na literatura.

Foi Subdirector Administrativo do centro Pré-Universitário do IBA, para assuntos administrativos e logísticos da instituição em parceria com a Missão Norte Americana.

Em Portugal, lançou uma iniciativa Humanitária em Parceira com a Companhia Coca- Cola, e houve apoio humanitário focalizado ao Centro Social o Bom Samaritano em Setúbal.

Frequentou refrescamentos nas novas tecnologias de informação, e recursos humanos, fornecido com a ajuda dos fundos comunitários da União Europeia.

Viajou em serviço para Noruega, e constatou assuntos Humanitário, como é feito a sua intervenção para vários Países.

Conheceu também o sistema funcional na Holanda, no que tange as políticas Humanitárias, sua visão estendida na população, por isso do posicionamento positivo, no campo humanitário das doações.

É autor do seu primeiro livro, o segredo do sucesso na vida, disponível em Amazon online retails, e kindle.org, lino benza.

Fala Inglês e escreve correctamente.

Fala Francês

Fala Português sendo a língua oficial.

Correio electrónico: linobenza@yahoo.com.br

www.ingramcontent.com/pod-product-compliance
Lightning Source LLC
Chambersburg PA
CBHW051313170526
45166CB00002B/527